DISCOURS

COMPOSÉ

POUR LA SÉANCE PUBLIQUE

DE LA

SOCIÉTÉ ACADÉMIQUE

DE BESANÇON,

En décembre 1815.

A BESANÇON,

De l'Imprimerie de Claude-Franç. Mourgeon.

1816.

P<small>RÉSIDENT</small> annuel de la Société académique de cette ville, je crus devoir, à l'exemple de mon prédécesseur, consacrer la séance d'ouverture à des réflexions analogues au changement que notre situation vient d'éprouver. Je lus mon discours en séance privée; on en critiqua quelques passages ; j'annonçai d'abord l'intention de les supprimer : je résolus ensuite de supprimer le discours entier et de traiter quelqu'autre matière. Ce discours, je me vois réduit à le produire, puisque la malveillance s'en empare et que la susceptibilité s'irrite. L'éloge et la censure trouveront du moins une base moins inexacte que l'exagération des récits. Peu de mots vont en présenter le corrollaire.

La révolution nous a chargés de maux; le Roi ne nous prépare que bonheur et gloire. La constitution qu'il nous a donnée est l'œuvre d'une sagesse profonde. coopérons à ses succès en écartant ce qui nous perd malgré sa prudence; au lieu d'entraver ses efforts en perpétuant nos dissentions. Le Gouvernement veille sur nous : c'est à lui qu'il appartient de poser les bornes de la rigueur et de la clémence. C'est à ses délégués qu'est commis le soin de l'éclairer sur ce qu'il lui importe de connoître : notre tâche, du reste, ne consiste qu'à cimenter, par la modération et la réserve, l'ordre, l'union et la paix.

Niera-t-on que le développement de ces réflexions ne soit utile, quand journellement l'experience nous démontre que chaque révolution qui s'opère ne fait que lancer d'un bord à l'autre, l'irritation et l'avidité. Peut-on voir, sans une affliction profonde, l'intrigue et la cupidité rentrer en ces voies odieuses que la révolution avoit frayées ? De viles dénonciations sortent de la fange ; on les colporte dans les ténèbres. De longs services, une considération justement acquise, zèle intègre, probité sévère, talens, vertus, tout disparoît devant une erreur ou une faiblesse.

L'intérêt et la passion s'excitent à fixer le blâme et la honte sur des hommes qu'une suite de souvenirs protègent contre l'injustice qui les outrage, contre l'acharnement qui les poursuit.

Sans doute, il seroit à souhaiter que la France, unanime en ses vœux, et unie en ses efforts, eût rejeté simultanément et l'usurpateur qui lui ramenoit ses furies, et l'adhésion que, sur divers points il réclamoit parmi les poignards : mais a-t-on oublié qu'à cette époque, de fidèles sujets du Roi s'excitèrent à dévorer momentanément la honte du joug abhorré qu'on vouloit leur rendre, pour entraver le succès de la révolte, en enlevant du moins à son audace la force du titre et le poids de l'autorité ? De quel front, celui qui jura dans le sanctuaire, obéissance aux constitutions qui proscrivoient la dynastie légitime, puisqu'elles consacroient l'hérédité de l'usurpation ; de quel front, ose-t-il marquer aujourd'hui du sceau de l'opprobre, la main qui ne fit pourtant que renouveler la même promesse dégagée de l'appareil et de la religion du serment? Si la nécessité, si la crainte, si le désir d'arrêter le progrès du mal et d'accélérer le progrès du bien, excusent ou justifient le premier acte; pourquoi le même mobile, s'il fut sincère, ne seroit-il point capable d'excuser aussi le second? et si nulle considération n'est habile à laver la fidélité d'un serment désavoué si amèrement par le cœur, quand la force l'arrachoit aux lèvres; que ces mêmes lèvres soient plus modestes à charger de blâme ceux dont le délit est le même, de quelque distinction futile que l'ambition ou la honte cherchent maintenant à se parer.

Soyons vrais, c'est l'ambition sur-tout qui nous rend injustes. Tout fonctionnaire devient irrémissiblement coupable pour qui en convoite les fonctions; et si la vile délation ne se brisoit contre la barrière que lui opposent la force de la vérité et le discernement du ministère, les diverses branches du service seroient la proie d'intrigans obscurs, pour qui la nullité fut un asile, qu'aucun regard ne venoit troubler.

L'auteur de cette brochure émigra en 1791. Durant douze années il n'a quitté les drapeaux que pour se guérir de ses blessures. Sa Majesté daigna l'honorer de deux témoignages de son estime. Persécuté lors de son retour en France, il resta, jusqu'à la chute de l'usurpateur, sous le poids d'une surveillance spéciale; les archives de la Préfecture en font foi. Il se démit de ses fonctions lorsque le Roi eut quitté la France. Il n'en brigua jamais de plus lucratives, ni de plus brillantes. Le bonheur de son pays, voilà son vœu. Hors le Roi et sa dynastie, il ne voit que honte et misères. Qu'il pèse, celui qui m'improuve, quelque fort qu'il soit de sa conduite, s'il a le droit de m'accuser.

COURVOISIER,

Avocat général en la Cour royale de Besançon.

MESSIEURS,

Vos réunions ont pour objet d'encourager les lettres et les arts, en offrant à ceux qui les cultivent, et des exemples et des leçons : mais quand les secousses agitent le globe, l'imagination ne nourrit plus que les alarmes ; le littérateur gémit ; le savant se déconcerte ; l'artiste jette son ciseau. Eh! quel mobile les animeroit désormais, puisque le siècle pompeux des lumières n'a perfectionné, dans notre nation, que la science de détruire, l'art de corrompre, le talent de ne pouvoir être heureux! Un espoir flatteur vous avoit réjoui naguère : vous célébrâtes, il y a quinze mois, dans cette enceinte, le retour fortuné d'un Monarque dont le ciel sembloit restaurer miraculeusement le trône, pour fonder enfin sur la terre, le règne de la paix et de la vertu. Une consolante aurore venoit alors inopinément luire sur nous; ces peuples foulés parmi nos victimes, ne se vengeoient de leurs désastres que par la modération et les bienfaits. Témoins des hommages que de tous les points du royaume un joyeux enthousiasme faisoit entendre, ils s'applaudissoient de retrouver sur notre sol les antiques fondemens de ce trône auguste dont la chute avoit ébranlé l'Europe, et que l'Europe armée n'avoit plus à consolider, puisque l'amour et la fidélité le relevoient. Le vainqueur déguisa sa victoire; il oublia nos erreurs et ses pertes, nos crimes et sa pénurie. La France resta glorieuse et forte. On respecta nos biens; on ménagea nos ressources; on épargna jusqu'aux monumens de nos triomphes. L'étranger, enfin, s'éloigna de nos frontières, satisfait d'emporter, pour prix de ses succès, pour indemnité de ses efforts, le gage qu'un élan sincère sembloit offrir de notre concert à poser les bases d'une paix durable, du bonheur commun.

Une générosité si rare nous imposoit des devoirs faciles, puisque le cri de l'intérêt, la loi de la nécessité s'allioient intimement au vœu de la reconnoissance. Le Roi ne tarda point d'acquitter une partie de notre dette.

Le traité de Paris avoit réglé le sort de la France; l'intérêt des autres Etats se trouvoit discuté dans un congrès, et l'ambition pouvoit oublier que la justice seule étoit habile à consommer l'œuvre que la modération avoit ébauchée. La justice emprunta sa force de la sagesse de notre Monarque, et la modération l'emporta. L'Autriche et la Prusse n'exigèrent que l'indemnité de leurs concessions. La Saxe durement punie, perdit une partie de son territoire; mais enfin son indépendance subsista. La Russie rendoit à l'existence politique une nation que dès long-temps la force des armes lui avoit soumise. L'Angleterre elle-même souscrivoit aux entraves que sa puissance jalouse avoit si violemment écartées durant plusieurs règnes; l'Autriche acquéroit des côtes et des ports; l'union de la Belgique à la Hollande, et des Etats de Gênes au Piémont, relevoit avec force des pavillons que les mers avoient respectés. L'intérêt et la liberté des peuples alloient opérer spontanément sur le continent ce système qu'avoit entravé la violence; et l'équilibre européen, dérangé par le partage de la Pologne, puis anéanti par nos expéditions lointaines, se trouvoit enfin, après la tourmente, assez solidement affermi.

Tout en éclairant les délibérations de l'Europe, la sagesse du Roi veilloit sur nous. Les crises politiques qui avoient agité la France depuis la mort de Louis XIV, venoient en partie de l'incertitude qui voiloit les bases constitutionelles de l'Etat. Nos ancêtres avoient conservé dans les Gaules, durant quatre siècles, la constitution qui les avoit régis sous l'austère climat de la Germanie: elle chanceloit au sixième siècle; Charlemagne la raffermit : ce sage législateur, ce conquérant renommé la fit respecter, et l'observa lui-même religieusement, durant un long règne. Son fils et son petit-fils n'eurent pas la force de la défendre : au neuvième siècle l'hérédité des bénéfices entraîna l'hérédité de la noblesse : au dixième, tout étoit seigneur ou serf; le peuple étoit asservi, le Prince étoit dépouillé. Une longue suite d'efforts rétablit insensiblement les prérogatives de la couronne. Les Rois cherchèrent dans les communes qu'ils créèrent, un appui contre l'hydre féodale qu'ils vouloient détruire : ils rétablirent les assemblées de la nation; et l'on doit reconnoître que, jusqu'à la révolution de 1789, le dernier des trois ordres ne s'étoit pas montré le moins généreux, le moins désintéressé, le moins soumis.

Tel étoit au quatorzième siècle, la nouvelle situation de la France. L'anarchie féodale avoit cessé; voilà tout ce qu'avoient pu conquérir les efforts unis du peuple et du Prince : la philosophie n'avoit point encore enseigné l'art de panser les plaies par le massacre, et de corriger les lois par la destruction : mais la constitution n'étoit point complette; aucun acte précis n'en posoit les bases; un amalgame vague d'anciens usages et d'institutions récentes devint pour une nation brave et inquiète, une arène ouverte aux dissentions. Les droits des états-généraux n'étoient point fixés; la convocation en étoit facultative; on manquoit de loi pour y maintenir l'harmonie; ils n'opérèrent jamais de grands avantages : les trois ordres divisés entr'eux, moins touchés dès-lors de l'intérêt général que de leurs prétentions respectives, puisoient, dans l'examen interrompu de la chose publique, plus d'inimitié réciproque, que de zèle pour le bien commun.

On vit naître ensuite, du sein de nos crises, une puissance qui s'éleva sur les débris de la féodalité et les droits du Prince : nourrie par l'autorité légitime, puis invoquée par les factions, elle voulut enfin s'attribuer un pouvoir supérieur à celui des Rois.

Les grands de l'Etat, c'est-à-dire ceux que le Roi nommoit aux grands emplois de l'armée et des provinces, formoient le conseil du Monarque, durant les premiers siècles de la monarchie. Ils parcouroient avec lui le royaume, pour y administrer la justice; ils statuoient avec lui sur les choses de foible importance; ils délibéroient, ou parlementoient sur les choses plus sérieuses, qu'on devoit soumettre aux assemblées de la nation. L'administration de la justice fut comprise dans les usurpations de la puissance féodale, le Roi réussit à la recouvrer. On fit des lois ; il y eut des codes ; les gens de robe furent admis au parlement, comme rapporteurs, pour l'instruction et le jugement des procès. Le juge laborieux ne tarda point à occuper exclusivement des fonctions que l'étude et l'assiduité venoient rendre fastidieuses à des hommes qui ne respiroient que parmi les armes. La protection des Rois, le zèle, l'intégrité, les lumières, donnèrent à la magistrature un lustre que le préjugé des temps n'accordoit encore qu'à la naissance ; et la naissance n'étoit point illustre, si elle ne remontoit à une tige anoblie parmi les combats.

La chose étoit changée, le nom resta le même. Le parlement devint sédentaire sous Philippe-le-Bel. Sous Charles VI, des soins plus importans firent oublier le renouvellement des rôles ; le parlement se perpétua : il prit dès-lors plus de consistance ; il acquit plus d'autorité. Sur ses représentations soumises, Louis XI retira quelques édits. Sous Charles VIII, il refusa de s'immiscer, sans l'ordre du

Roi, dans le gouvernement et les finances, vu qu'il n'étoit institué que pour l'administration de la justice. Sous Henri III, l'arrêt qui confirma la ligue, ne fut qu'un acte de révolte arraché par la fureur à la foiblesse; la plûpart des magistrats lavèrent, par une généreuse fermeté, la honte dont un petit nombre s'entachèrent : mais Henri IV, pour asseoir un trône long-temps assailli par les factions, voulut, à son entrée dans sa capitale, emprunter un secours plus prompt que la convocation des Etats du Royaume; le parlement, de l'aveu du Roi, cassa les actes de la ligue, notamment ceux émanés de l'assemblée tenue a Paris sous le nom d'états-généraux.

Dès-lors le parlement se crut investi de toute la puissance du peuple; il s'en constitua le représentant, sans autre mandat qu'un zèle honorable, mais souvent opiniâtre, et quelquefois intéressé. Il cassa les dispositions de Louis XIII et les dernières volontés de Louis XIV. Les troubles de la fronde, la régence, le règne de Louis XV, celui de Louis XVI sont présens à notre mémoire : à l'exception des temps vigoureux de Louis XIV, la suite de notre histoire ne montre qu'une lutte non-interrompue entre l'autorité royale et les cours; les Rois exigeant l'enregistrement pur et simple de leurs édits, s'ils croyoient devoir y insister, après avoir écouté des remontrances; les cours, au contraire, souples ou roides, selon les obstacles, persistant irrévocablement à prétendre qu'aucun édit, quel qu'en fût l'objet ou la cause, ne pouvoit devenir loi, sans leur aveu.

A l'incertitude, aux entraves dont la puissance législative étoit gênée, se joignoit un vice relatif à l'action du Gouvernement; je veux dire, le défaut de responsabilité du ministère: nommé par le Roi, il ne relevoit que de lui seul ; il n'avoit à éviter que sa censure, à redouter que sa disgrâce ; et quelque soient les lumières et l'assiduité d'un Souverain, pourra-t-il jamais éclairer seul le jeu compliqué de tant de rouages, quand l'intrigue et l'avidité s'uniront pour le lui céler. Louis XIV lui-même, justement jaloux de son pouvoir, eût-il découvert les dilapidations de Fouquet, si l'intérêt de Colbert n'eût adroitement provoqué le zèle vigilant du Monarque. Louvois ensuite enflamma l'Europe, craignant d'user dans le calme le crédit qu'il pouvoit assurer par ses services. On soupçonna Fleuri ; on accusa Choiseul d'avoir comprimé les dons heureux que Louis XV avoit reçus de la nature, l'un en lui donnant le goût des plaisirs, l'autre en lui inspirant de l'éloignement pour le travail : dès-lors le système ministériel ne consista, durant soixante et quinze années, qu'à créer parmi les entraves, des expédiens ruineux, pour subvenir aux besoins du jour, livrant l'avenir au hasard et le vaisseau de l'Etat aux orages qu'on voyoit déjà se former. Vainement Louis XVI, élevé au trône dans l'âge, il est vrai, des passions et de l'inexpérience, mais avec une raison précoce, des mœurs éprouvées et des habitudes austères ; Louis XVI inaccessible aux illusions du pouvoir, comme aux séductions du vice ; Louis XVI, le meilleur des Rois, si son cœur et ses vertus ne l'eussent trop rassuré contre la frénésie du crime, voulut, pour assurer ses pas, s'entourer d'abord de coopérateurs intègres: l'égoïsme et la cupidité s'alarmèrent ; l'intrigue s'agita ; la calomnie distila son fiel ; le projet du jeune Monarque fut et devoit être déjoué.

Voilà quelles furent, parmi plusieurs causes morales, les principales causes politiques de la révolution de 1789 : les digues une fois brisées, elle entraîna ses fauteurs bien au-delà des chances qu'ils avoient prévues et du terme qu'ils vouloient atteindre. La révolution n'a su que corrompre et détruire : sans autre fin que sa rage, sans autre plan que son délire, elle s'emporta, puis retomba de crise en crise, déchirant horriblement le hideux fantôme de sa cannibale liberté. La France sortit de l'anarchie, pour organiser le despotisme : on la caressa dabord pour la séduire, puis on l'occupa pour la fixer. Pour dompter sa fougue inquiète, on la chargea par degrés de chaînes pesantes : on la traînoit à sa ruine, quand elle croyoit courir à la gloire, échangeant fièrement, parmi les ravages, des flots de sang et de larmes, contre de sinistres lauriers. Enfin l'orgueil, égaré par la démence, sapa de sa main ses éphémères trophées : le prestige tomba brusquement; on reconnut le port, grâces au naufrage; et l'on hâta par des vœux sincères le retour du Roi légitime que le ciel, semblant s'appaiser, nous rendit.

Il parut ce Roi désiré : l'alégresse vint de toute part éclater dans la capitale: on le crut à jamais couronné de myrtes, sous les pointes ardues du diadême que, pour le salut de la France, l'auguste héritier de tant de Rois venoit généreusement relever. Mûri par la méditation des siècles, il embrassa le présent et le passé d'un œil rapide : il nous donna, pour premier bienfait, la constitution la plus sage que le progrès des temps, l'état des lumières, nos mœurs, notre caractère, pussent comporter. Là, sont mesurées avec justesse, la solide liberté du peuple et les utiles prérogatives de la couronne. Le Roi propose ; les chambres délibèrent : c'est la nation elle-même qui pèse ses avantages, qui se gouverne, éclairée par la sollicitude de son chef, dont le privilége ne consiste qu'à élaborer à l'avance le plan et les détails de ce qui doit opérer le bien commun. Si le ministère abuse, la vérité percera la trame; il doit justifier tous les ans de la quotité des recettes et de l'exactitude de l'emploi. Le peuple choisit ses députés : son choix est affranchi de la désignation ultérieure d'un sénat docile : l'appât du gain est écarté ; le vil intérêt ne briguera point les suffrages. Ce sénat permanent, toujours prêt à se mouvoir en l'absence des représentans, dont on éludoit ainsi le mandat, est remplacé par la pairie, qui se réunit, qui se dissout simultanément avec les communes. L'une des chambres ne peut rien sans l'autre. Le Roi ne peut rien innover lui-même, si les chambres ne reconnoissent la justice et l'utilité de ses projets ; de la sorte, cette force, que le corps entier de la noblesse constitue dans les monarchies pures, où le Roi jouit sans partage de la puissance législative, se trouve, sous notre monarchie limitée, plus efficacement concentrée dans la pairie que la constitution associe à la formation de la loi. Cet ordre intermédiaire n'a rien qui puisse porter ombrage ; les priviléges onéreux sont abolis, et les communes sans doute ne les feront jamais revivre: d'autre part, les honorables distinctions qui l'entourent, le lient à maintenir un équilibre dont la stabilité lui importe, soit que le Roi, soit que le peuple veuille entreprendre de le violer. Sauvegarde immuable des droits de tous, la charte constitutionnelle étoit un asile pour la génération présente, une source de grandeur pour les générations futures ; nul intérêt particulier ne pouvoit y porter atteinte; et si l'expérience venoit à montrer quelques imperfections à corriger, quelques améliorations à produire, le Roi promettoit son concours pour opérer les unes et pour effacer les autres.

Vouloit-il, ce Prince aussi généreux que notre nation est inquiète, vouloit-il abuser du premier élan de ses sujets, quand il les appeloit lui-même à la discussion publique de tous les intérêts de l'Etat? L'idée de cette concession eût fait frissonner un despote : le corps législatif n'avoit point joui de ce droit; on ne songeoit point à le réclamer ; le Roi l'établit. Près de cette faculté de discuter, aux yeux de la France, les actes du gouvernement et les lois, que devient cette liberté si rarement utile, si souvent funeste, de jeter arbitrairement dans les carrefours ou dans les cercles, quelques brochures ou quelques pamphlets? Quel rapport entre le mérite isolé de ces productions grossières et frivoles, et le commentaire imposant de l'homme que ses fonctions entourent de tout ce qui peut éclairer son zèle, nourrir ses craintes, vérifier ses soupçons? Plus d'abri contre la honte, pour la vénalité ou pour la foiblesse : la lice est ouverte; la nation est attentive; son mandataire peut se faire entendre : s'il entrave de sages conseils, la haine ou le mépris l'attendent; et si, quand il doit lutter, on le voit fléchir, il trahit sa nullité ou bien il décèle son opprobre.

Le génie qui, dans ses conceptions calmes, avoit médité cet œuvre de sagesse, laissoit à l'expérience le soin de l'apprécier et de le chérir. O malheureuse patrie! combien on t'a ravi de bonheur! quelle sombre fatalité est venue déranger les plans, qu'une sollicitude paternelle avoit formés pour t'élever enfin au juste niveau d'une indépendance circonspecte et d'une sage liberté! pétrie de vent et de salpêtre, si tu n'es formée désormais que pour l'esclavage ou pour la licence, ah! puisse-tu briguer plutôt une servitude paisible, que de rallumer ces volcans, dont l'idée seule remplit d'épouvante tes enfans les plus généreux!

Vous vous rappelez, Messieurs, avec quelle vive satisfaction l'on vit paroître un acte si propre à fondre tous les intérêts dans une volonté commune, toutes les passions dans une confiance mutuelle. Maîtres de nos biens, de nos enfans, de nos fortunes, nous goûtions un charme nouveau. Heureux du présent, confians en l'avenir, notre soin ne devoit consister qu'à reconnoître dignement, par l'amour et la reconnoissance, le bien dont nous jouissions, le mieux que nous devions atteindre. La justice, long-temps interdite, alloit replacer sa balance. L'instruction publique, dégagée de la tyrannie qui violentoit tous les ressorts, pour maîtriser tous les effets, rassuroit la science aux abois, et la morale éperdue, par l'espoir fondé de ses succès. Les traces de la guerre commençoient à s'effacer dans nos campagnes; les communes recouvroient l'administration de leur patrimoine; le commerce se ranimoit avec une activité surprenante. Le trésor alimentoit régulièrement les dépenses; il faisoit face à toutes les dettes : deux années encore, et le gouffre de 1813 étoit comblé. L'excédant des recettes eût alors opéré proportionnellement le dégrèvement des charges : la France touchoit au bonheur : quel être pouvoit, grand Dieu! trouver avantage à le troubler!

L'orage pourtant vint gronder au milieu d'une paix qui sembloit profonde. L'homme proscrit de notre sein, y ralluma sa torche effrayante; escorté d'une horde impie, il revint souiller une terre que le repentir avoit purifiée. Quelle crainte enchaîna les uns? quelle démence égara les autres? presque tous révéroient leur Roi; et l'honneur, la foi, l'intérêt de tous, devinrent en quelques instans la proie de quelques insensés, le jouet de quelques parjures!

O toi qui fut vomi pour notre ruine, éternel auteur de nos désastres! qu'avions-nous trouvé sous ton égide, dès l'instant fatal où la France, honteuse de ses excès, autant qu'excédée de sa misère, te permit d'approcher du trône, se flattant d'en frayer par toi le retour au légitime souverain? Du cadavre d'un jeune héros qu'assassina ta main perfide, tu t'élanças pour saisir le sceptre; on recula d'horreur, et tu régnas : l'antique héritage des Francs devint la proie d'une vile race de sicaires. Dès lors, le massacre de nos enfans, la ruine et la corruption de nos provinces, la fureur, le brigandage, la haine du monde, voilà tes services et tes exploits. Pour dernier bienfait, tu devois nous rendre à la tourmente; c'est dans notre sein que ton cœur avide vouloit se repaître, réduit à l'impuissance de goûter ailleurs ces joies infernales, dont le sang et les ravages réussissent seuls à te combler. Eh bien! savoure ton ouvrage : ton ombre a soufflé les vengeances; la haine a germé sous tes pas. Tu parois, et le Français s'égorge. Tu fuis! et tes venins nous restent; nous as-tu légué les poignards, dont une homicide clémence négligea deux fois de te percer?

Voilà donc le fruit que nous aurons tiré des amères leçons de l'infortune! elle ne nous aura traîné sur sa claye, que pour nous rejeter, après cinq lustres, au point d'où nous avons décrit le cercle où la vengeance céleste semble nous rouler!

En effet, s'il nous étoit donné de rechercher froidement les anciennes causes de nos malheurs et les sources nouvelles de nos craintes, nous serions effrayés de la ressemblance frappante qu'offriroit ce double tableau : nous pâlirions à la vue des maux que le destin irrité nous prépare, si la raison encore impuissante ne réussit à nous toucher.

Que falloit-il en 1789 pour sauver la France? Le déficit de nos finances ne fut que la cause ostensible de nos désordres ; un misérable sacrifice l'eût comblé. Ce sacrifice n'eût fait que pallier le mal, lors même qu'on y eût souscrit avant que la haine et la noirceur se fussent emparées de ce prétexte. L'ambition de la bourgeoisie, qui se regardoit comme anoblie par le mérite ; l'impatience des campagnes à plier sous un joug usé que le Prince avoit brisé dans ses domaines ; la possession exclusive où se trouvoit la noblesse, des honneurs que convoitoient tous ceux qui pouvoient s'y rendre habiles ; voilà qu'elles furent incontestablement les causes morales de la révolution de 1789. De noirs complots les fomentèrent en divers sens : quelques sacrifices devenus nécessaires ; quelques concessions réciproques, faites spontanément, en temps opportuns, eussent desséché le mal dans sa racine, en livrant les esprits appaisés, les factions sans prétexte, aux vues salutaires d'un excellent Roi.

Les mêmes causes ont préparé la révolution de 1815 : le niera-t-on, quand ceux-là même qui l'ont opérée nous en ont si perfidement donné la preuve ; et sans doute ils avoient sondé le sol, avant d'y placer le levier qui bouleversa notre surface. L'inquiétude jalouse de ceux que la révolution avoit élevés ; les craintes aveugles des campagnes ; les actes inconsidérés de quelques nobles ; les passions enfin, réveillées avec une activité long-temps assoupie, ont enhardi les audacieux, dont l'attentat devoit nous rendre à la sombre nuit du chaos.

Telle fut à deux époques désastreuses, la position critique de notre patrie : l'expérience nous a-t-elle instruit, le malheur nous a-t-il changé? hélas : la paix et l'union parent les lèvres, quand la discorde agite les cœurs ! on parle d'une façon, l'on agit de l'autre ; le plus souvent même les actions et les discours s'écartent directement du but qu'aucun de nous ne tâche d'atteindre, tout en le marquant avec hypocrisie pour autrui. Ne verrons-nous pas enfin que le chef d'un gouvernement, quelque mérite qu'il possède, à quelques efforts qu'il se livre, ne sauroit agir efficacement pour le bien commun, si les divers élémens dont la société civile se compose, ne cessent de se diviser et de se combattre. Ne sait-on pas que le reproche aigrit même le coupable, et que dans une foule où les souvenirs comme les passions, se partagent, si l'on interroge habituellement les souvenirs, on irrite éternellement les passions ! Est-ce du moins un zèle sincère pour le bien de la patrie qui dicte si généralement ces récriminations funestes ! Chacun est prompt à se farder de ce mobile; mais la plûpart, il faut le dire, ne voient l'intérêt public, le salut commun que dans les spéculations de l'égoïsme ou les jouets de la vanité. Est-ce à nous que le Chef de l'Etat a commis le soin de purger la société, d'épurer les corps ; de faire justice en son nom, et de ce qui est s'il le tolère, et de ce qui fut, s'il le pardonne ? Avec quelle indignation le sujet fidèle n'a-t-il pas entendu par fois l'audace effrénée de quelques hommes accuser ce Prince admirable, l'honneur et l'espoir de la France, au milieu de l'exaspération qui nous agite. La tâche généreuse qu'il vient reprendre, c'est de nous sauver et des vengeances de l'Europe et de ses propres ressentimens ; la nôtre c'est de le révérer, de le chérir et de nous livrer pleins de confiance, à sa justice comme à sa bonté.

L'orgueilleuse déraison sur le grain de sable où ses élans comprimés s'irritent, pensé qu'une verge merveilleuse peut restaurer en un jour l'édifice immense que la sape a frappé jusqu'aux fondations les plus profondes : mais rien n'est solide, si l'opinion n'en est la base et l'opinion ne se mûrit que par des ménagemens habiles; sa marche, souvent inquiète, ne s'affermit, ne s'accélère, que par le progrès mesuré du temps. Tout homme, capable d'appeler sur nous de nouveaux troubles, est un scélérat endurci que doit immoler sans pitié le glaive acéré de la justice : mais parmi la population halétante après le repos, combien encore restent sensibles à des impressions involontaires qui ne leur montrent, dans la victoire de la France sur la noire destinée qui s'acharnoit à la poursuivre, que le tombeau d'une émulation louable et le triomphe d'un parti. Voilà je pense, ce qui, bien plus que la sombre perversité de quelques êtres, nourrit l'étincelle de nos désordres, sous la cendre entassée par nos infortunes. On craint peu le retour des dîmes, le rétablissement des droits féodaux, la restitution des biens vendus ; mais l'habitude d'envisager l'illustration comme le patrimoine de tous, et les distinctions, les emplois, comme une carrière commune, s'alarme à l'idée d'une illustration héréditaire, qui peut revendiquer exclusivement les honneurs, comme une portion de l'héritage qu'une ancienne prescription lui avoit transmis.

Voilà l'impression qu'il faut détruire ; et ce résultat, le Gouvernement ne sauroit l'atteindre, si la réserve et la modération des individus n'égalent la justice et le discernement du Prince.

Permettez-moi, Messieurs, un foible développement de cette réflexion ; elle est délicate, mais je la crois importante. Qu'un désintéressement absolu soit mon excuse : je crains de blesser ou de déplaire ; mais en de si graves intérêts, j'ose révéler ce qui me frappe : l'égoïsme et l'ambition sauroient le céler.

La considération publique est le fruit ou du mérite personnel, ou d'une attitude qui le suppose ; les services ou les distinctions la nourrissent ; elle vit dans l'opinion, ou bien elle règne par le préjugé. L'homme, le plus richement comblé par la nature, le plus noblement doué par la naissance, ne jouira pourtant d'aucun lustre, si l'injustice du sort détourne de lui les regards que son mérite auroit dû fixer. Si, durant un long espace de temps, il reste privé de l'attitude propre à nourrir l'opinion par les services, ou le préjugé par les honneurs, il manque de lustre, de quelque illustration qu'il puisse être digne : l'habitude n'a point fixé les égards, le préjugé s'y refuse ; le mérite n'a pu commander l'estime, il est méconnu de l'opinion.

Eh bien ! depuis vingt-cinq ans la population de la France s'éteint et se renouvelle : l'homme, aujourd'hui à l'âge mûr, étoit enfant, le jeune homme n'avoit point encore reçu la vie, à l'époque trop malheureusement fameuse où la France égarée voulut se niveler parmi les ruines. La naissance, le talent, la richesse, devinrent des titres au supplice : la noblesse plus spécialement attaquée se divisa : quelques-uns s'associèrent aux plans novateurs, dont une secte astucieuse autant que féroce, les rendit ensuite impitoyablement victimes : la plûpart s'éloignèrent de leur patrie, soit pour lui briguer des secours, soit pour échapper à ses poignards : d'autres y ensevelirent dans l'oubli ces distinctions proscrites dont le souvenir eût été funeste à leur repos. La noblesse enfin, odieusement noircie comme caste, cessa comme individu de fixer les yeux. Le plébéien s'empara de tout : il se fit d'abord indistinctement homme d'état, guerrier, administrateur et magistrat. La lutte immense où la révolution engagea la France opiniâtre, développa de grands moyens, en nécessitant de grands efforts. La domination de ce frénétique, que l'exemple de Monck eût touché s'il eut connu la solide gloire, trempa d'une vigueur nouvelle un peuple familiarisé avec la mort dans ses foyers, comme parmi les batailles. Le despote insensible arrachoit les triomphes en prodiguant le sang de ses phalanges; la carrière de l'ambition étoit sans borne; le soldat pour arriver plus rapidement aux honneurs, couroit avec empressement au carnage et ne soupiroit que pour les combats. Le même appât se montroit dans tous les services; il animoit toutes les classes; le jeune homme dès le premier pas mesuroit avidement l'espace ; le chaume aspiroit à tout comme les lambris.

La politique avoit rappelé ceux qu'avoit éloignés l'honneur ou la prudence. Plusieurs avoient dévancé cette mesure : l'opinion plus forte que la persécution n'étoit inhumaine, les protégeoit sur une terre d'où la fureur les avoit proscrits. La politique poursuivit son œuvre : vigilante sur le présent, elle affecta l'oubli du passé : pour affoiblir tous les partis, elles les força tous à son service ; elles les confondit en ses faveurs, reçues d'abord avec dédain, repoussées moins froidement, ensuite, dès l'humble poste de la province, jusqu'aux marchepieds élevés du trône. Celui qui par ses emplois fixa l'attention publique, fut jugé selon ses actions, sans égard au poids de la naissance ; celui que son âge, ses goûts, sa fidélité, vouèrent à la condition privée, jouit concurremment avec tous de la considération que procurent la vie ; l'éducation et la fortune (1).

Au milieu de cette possession commune ; après des malheurs dont tous ont gémi, puisque la rage confondit ses coups, lasse de choisir ses victimes ; après des crimes récens, auxquels se sont associés encore des hommes de tous les rangs, et contre lesquels des hommes de toutes les conditions se sont armés ; on

---

(1) Il est peu d'idées générales qui ne se modifient par des exceptions. Notre nation, plus qu'aucune autre, se lie immuablement aux souvenirs qui tiennent à l'honneur et à la gloire. Quelle prescription pourroit effacer des cœurs Français, le nom des Montmorenci, des Crillon, des Richelieu, des Turenne et tant d'autres qui vivront aussi long-temps que nos annales. Il n'est point de province où des noms honorés, quoique moins célèbres, n'aient conservé, même aux époques les plus outrées de notre délire, une possession justement acquise de reconnoissance et de respect.

conçoit aisément qu'il est utile de ne pas mettre brusquement aux prises les prétentions de la naissance, avec le dépit de l'amour propre, le cri de l'intérêt et la force de l'habitude : l'observateur trouvera peut-être dans la crise récente qui faillit nous perdre, de quoi fortifier en soi cette idée.

Vous vous rappelez, Messieurs, quels étoient en 1813 et lors de l'invasion en 1814, l'état de l'opinion et la disposition des esprits. La déroute de Moscou, la fuite de Leipsig, avoient dissipé le prestige qui jusqu'alors avoit ébloui la haine que le despotisme d'un Corse devoit inspirer aux Français. L'indignation s'étoit soulevée contre cette ironie perfide qui nous imposoit l'offre rampante de nos vies et de nos fortunes, pour alimenter les ravages d'une ambition détestée. Les hommes les plus coupables envers la dynastie légitime, s'unissoient aux vœux qui se manifestoient pour son retour; du moins ils maudissoient l'étranger féroce qui moissonnoit froidement nos générations comme nos récoltes, aussi timide en ses périls qu'il étoit prodigue de notre sang. Le villageois plus foulé vingt fois que le riche, en proportion de sa misère, aspiroit à secouer le joug. Le soldat, désabusé lui-même, quoique furieux à la vue de ses lauriers changés en défaites, ne se taisoit sur son bourreau qu'au souvenir d'avoir vaincu, non par lui, mais sous ses enseignes: Tous enfin, au premier instant, virent dans l'approche du Roi légitime l'asile que la Providence nous ouvroit.

Le Roi dès-lors n'a manifesté que de la clémence ; ses paroles avoient le caractère de la franchise ; ses actes portoient le sceau de la justice: pour rallier tous les Français, pour encourager tous les efforts, pour dissiper toutes les craintes, il maintenoit avec sagesse l'œuvre que le temps avoit assis, de manière à ce qu'on ne pouvoit l'ébranler, sans le menacer d'une ruine entière. Le Roi étoit chéri de tous ; on espéroit en lui ; on se plaisoit à lui rendre hommage: je l'ai entendu moi-même louer et bénir par les satellites du tyran qui s'avançoit pour le renverser. Comment donc fut-il atteint au milieu de ses sujets qui le révèrent ; et par un essai qu'un premier élan eût anéanti ? Comment ce Corse, si généralement exécré naguères, redouté lors de son retour par ceux-là même qui lui livroient le soldat facile ; comment se fait-il que, par une révolution si prompte, ce tyran démasqué soit revenu souiller le trône qu'un si vif enthousiasme avoit rétabli ? J'entends la réponse : il falloit, va-t-on me dire, il falloit... Quoi l'on oseroit encore déverser ses torts, sur l'autorité tutélaire qui régit en vain avec sagesse quand la folie combat ses efforts et s'opiniâtre à les éluder !

Je sais qu'un petit nombre d'hommes, bourrelés de honte et non de remords, trouvoient un supplice habituel dans le bonheur qui rappeloit leurs crimes ; mais odieux et méprisés, que pouvoient-ils, si quelque ressort, autre que leur rage, n'eût aveuglément servi leurs complots ? sans frapper, sans bouleverser, sans détruire, au risque de préparer encore des troubles après des troubles et des ruines après des ruines ; il falloit nous changer nous-mêmes et profiter, à l'exemple de notre Roi, des conseils de l'expérience et des leçons de l'infortune. D'une part, il falloit sentir que la révolution cessant enfin, elle devoit cesser franchement pour tous ; et que la décence même réclamoit une transaction généreuse entre ceux que la fortune avoit élevés et ceux que la fureur avoit proscrits. La raison devoit éteindre cette brusque avidité d'honneur et de richesses, qu'avoit fomentée la tourmente ; puisque le retour à l'ordre, par quelques moyens et sous quelque gouvernement qu'il s'opère, règle les espérances et fixe les rangs.

D'autre part, il falloit comprendre que dans une foule irréfléchie, le soupçon se change en alarme dès qu'un acte inconsidéré l'excite, dès qu'un geste indiscret le provoque. Il falloit sentir que plus on affecteroit de détruire ce qu'on avoit cimenté soi - même, plus l'opinion rendroit futile l'ovation de la vanité. Il falloit attendre dans une inaction respectueuse ce que le digne successeur d'Henri jugeroit utile de faire pour quelques serviteurs fidèles au milieu de ses nouveaux enfans. Au lieu d'applaudir à quelques folliculaires vraiment insensés, au lieu de confondre... Je m'arrête contre la vérité qui m'attire; j'oubliois d'ailleurs que mes paroles ne valent pas l'onde en murmure que repousse le pied d'un rocher.

Quel que soit le mérite des considérations qui précèdent; de quelque application qu'elles restent susceptibles, au milieu des mesures sévères qu'un nouvel attentat réclame contre la noirceur soutenue du crime; il est certain du moins que pour arriver au bonheur, il faut en suivre sainement la route. Vainement l'autorité sévira; vainement le Roi se fera chérir, si journellement, sur notre surface, les germes de trouble renaissent, fécondés par l'égoïsme et les passions. Le Gouvernement veille sur nous ; laissons à des délégués le soin de frapper, de comprimer ce qui doit l'être ; ne veillons qu'à écarter de nos foyers ce qui nous perd, malgré sa prudence, en perpétuant nos dissentions. Songeons fortement que notre avenir est en nos mains : d'un côté, bonheur et gloire ; de l'autre, abîme et néant.

Soyons unis et peu d'années sauront réparer nos désastres : Ranimons nos désordres, et parmi l'horreur et l'opprobre, la France, odieuse au monde, disparoît du rang des nations. Est-il un époux, un père, est-il un français dont le cœur ne se déchire à cette idée ! Malédiction à l'homme aveugle qui près d'un volcan qui fume encore, qui sur les ruines entassées par des explosions fréquentes, nourrit son imagination frivole des suggestions de l'amour propre, des spéculations de la fortune, des hochets de la vanité. Donnons à la paix jusqu'aux souvenirs : Plus on doit gagner à l'union, plus il faut sacrifier à la concorde. Pénétrons-nous de cette vérité née de tous les temps, et pour tous les âges ; savoir, que rien n'est solide, si l'opinion n'en est la base ;

qu'il faut réprimer sans foiblesse, mais qu'il n'est pas moins utile de convaincre, puisque la force morale est le seul bras qui puisse enchaîner les esprits.

Souverain arbitre des Empires, toi qui d'un souffle abats les peuples et qui d'un souffle les relève, nous avons provoqué tes vengances ; nos maux inouis furent ton ouvrage. Après t'avoir proscrit sur la terre, l'orgueilleuse philosophie t'a menacé jusques dans les Cieux. Pour élever la tour qu'elle projetoit en sa démence, elle a jonché de décombres le sol infidèle qui sourioit à ses essais. Tu permis qu'on redressât des autels ; mais quand l'hypocrisie rouvrit tes temples, le repentir y courut-il, l'air contrit, le front dans la cendre ; vit-on la piété sincère y gémir et s'y prosterner ? La veuve et l'orphelin, le malheur et l'indigence purent y chercher les consolations que tu refusoit un siècle de fer : mais le publicain superbe te dédaigna dans son opulence ; le Satrape insolent te renia sous des lambris ; le guerrier refusa de croire que tu es le Dieu des batailles ; la foule pervertie oublia le Dieu de l'univers, pour fatiguer de son encens la vile idole de Plutus. Tu nous frappes et toujours aveugles, nous persistons à te méconnoître, et nous ne faisons que t'irriter. Semblables au juif incrédule, te demanderons-nous des miracles, quand l'endurcissement qui nous gagne est le plus étonnant de tous ! *Quod ergo tu facis signum ut credamus tibi : quid operaris ?* Le sang de ton fils poursuit à travers les siècles une race impie ; le sang de l'oint du Seigneur a-t-il donc fixé ta colère sur la terre impure qui le vit couler ! Comme ton fils, il fut couronné d'épines, chargé d'opprobres, abreuvé de fiel, traîné ignominieusement au supplice par ceux-là même qu'il voulut sauver. Comme ton fils, il s'offrit pour nous en holocauste. Le fils de St.-Louis, montant au Ciel, leva vers toi ses mains suppliantes ; il t'invoquoit pour des ingrats ; il te prioit pour ses bourreaux. Que cette victime sacrée nous rachète : et si dans les décrets de ta justice, tu dois aux peuples effrayés un nouvel exemple de tes vengeances ; Seigneur, suspends les coups de ta main terrible ; un temps encore au repentir pour expier l'énormité de ses offenses, par l'amertume de ses regrets !

Que dis-je ! la douleur m'égare. Je parle du Ciel et de sa colère ; quand il vient de nous montrer ses vengeances pour nous toucher aussitôt des signes frappans de sa pitié. Nos maux ont passé comme l'orage ; nous n'avons tremblé sous la foudre que pour mieux évaluer ensuite le prix de la sérénité. Le Ciel a relevé le lys sans tache ; il nous a rendu notre Roi, toujours plus grand que la fortune, plus constant que l'adversité. Qui ne béniroit dans ce Prince auguste un assemblage de vertus que l'homme chériroit dans son égal ! Qui ne révéreroit en lui les précieux attributs de la Divinité dont il est l'image par la justice et par la clémence, par la puissance et par la bonté. Dignes enfin de son amour, nous ne formerons désormais que les citoyens d'un même état, que les enfans soumis et respectueux d'un même père. L'union sera notre bannière, et nous marcherons au bonheur dociles enfin à la raison.

COURVOISIER,

Avocat général en la Cour royale de Besançon.

www.ingramcontent.com/pod-product-compliance
Lightning Source LLC
Chambersburg PA
CBHW060500050426
42451CB00009B/742